AF599516

Claire

Nicolas Picco

Claire

Recueil

ISBN : 979-10-422-1097-7

À Claire

Elle est debout sur mes paupières
Et ses cheveux sont dans les miens,
Elle a la forme de mes mains,
Elle a la couleur de mes yeux,
Elle s'engloutit dans mon ombre
Comme une pierre sur le ciel.

Elle a toujours les yeux ouverts
Et ne me laisse pas dormir.
Ses rêves en pleine lumière
Font s'évaporer les soleils,
Me font rire, pleurer et rire,
Parler sans avoir rien à dire.

L'amoureuse de Paul Eluard

La promesse de l'aube

« Au centre de Paris je suis là devant toi
Dans cette nuit qui te touche du bout des doigts
Je t'enveloppe de mes deux bras

Regarde mes yeux qui fuient
Mes yeux te parler de mélancolie
Mes yeux qui attendent ton retour
Mes yeux qui pleurent de ton amour
Mes yeux tristes de ton départ
Mes yeux noyés sous le désespoir

Mes rêves oubliés, mes poings fermés
Cette nuit mon ciel est plongé dans un vide immense
À quoi tu penses ?

Promets-moi d'écouter chanter l'océan
Promets-moi de me regarder comme avant »

L’abîme du rêve

Chanter sur l’infini de notre vie
On écrit les secrets de l’oubli
On essaie face au temps si rapide
Parsemé de larges vides,
D’anticiper des futurs
Se souvenir du passé
Et voir que les présents jamais ne durent.

On joue à tuer le temps
À se créer des souvenirs
Pour immortaliser le présent
Et s’émerveiller de nos sourires

À notre soirée qui n’est pas éternelle
Mais mon Dieu que la vie est belle

Frisson de pluie

La gorge toute nouée
Je ne peux te parler
Je ne peux te laisser
Je ne peux que t’aimer,
Sur le quai de l’espoir
Je me sens déchiré
De ta main qui s’agite
De tes yeux qui me quittent

L’ange éternel

Savoir se dire adieu sans pleurer
Savoir se dire je t’aime sans parler
Je vois toujours ton regard brillant de pluie
J’entends encore tes mots : « pense à moi et souris »

Horizon perdu

Par mille nuits passées à frapper à la porte du temps
Je ne peux que rêver de t'embrasser tendrement,

Je me suis perdu sans trop le vouloir
J'ai maintenant peur de tes aurevoirs
J'ai maintenant peur de ne plus te voir,

Ton amour s'est perdu sur le quai des départs
Je t'ai perdu, je cherche ton regard
Je t'ai perdu, sur le quai de l'espoir

Un vide immense

Navire égaré qui court sur l'océan
Navire soumis à la volonté du temps
Navire plongé dans le silence
Navire lancé vers ce vide immense

Navire à contre-courant
Navire à contretemps
Navire fou sur l'océan
Qui ne sait plus où jeter l'encre,

Navire guidé par son capitaine
Navire noyé sous ses peines
Navire fuyant sans bruit sans retour
Navire noyé sous ses amours,

Navire saoul se noyant dans l'horizon
Le soleil au couleur du sang
La solitude dans cet infini plongeon
Capitaine effacé d'amours, des amis d'avant

Capitaine noyé, perle sur la joue
Navire noyé, perle sur la proue

Ivre de silence

Quand le ciel s'éteint
Que la nuit me tient
Quand le vide survient
Que la peur m'atteint
Je me noie sans un bruit
Fuyant les lumières de la vie,

Sur ce long fleuve noir
Qui glisse sous la proue
Je sens la brise du soir
Caresser mes pauvres joues,

Dans cette nuit éternelle
J'écoute murmurer le silence
Qui chante mes amours cruelles
Et brise ce vide immense,

Je n'ai plus de repère
Je glisse sans retour
Mon âme n'a que faire
D'une vie sans amour

Crépuscule

Je glisse à contre vent
Je glisse à contretemps
Je me retrouve la nuit
À regarder ma vie
Le long du fleuve noir
Sur l'horizon de l'espoir
Glisse et glisse sans fin
Ma douce mélancolie
Ce soir je te cherche en vain
Mon corps noyé sous un amour infini

Certitude

Je te sais belle et t'imagine printanière
Je te rêve au soleil j'embrasse ta lumière
Et le souvenir de ton visage
Magnifique clarté
Dessiné par les plis de l'innocence
Laisse mon âme te crier
Par-delà les cieux, par-delà l'absence
Ô combien je sais t'aimer

Ce jour-là

Ce jour-là près de ta main
À dévorer ton cou
Nous étions le muguet
Que la rosée au matin
Parfume de tout
L'amour enfantin
Ruisselant sur tes joues,
Et le muguet cathédral
Déploie ces cloches d'amour
Pour lever le voile
D'un impossible retour,

Ainsi mon soleil d'hiver
Évapore les nuages
Pour que la nuit laisse voir
Dans mes yeux couleur de rêve
Une promesse d'espoir

L'éphémère

Elles ont porté la vie un court moment
Elles portent mon amour à chaque instant,

Ces roses de lumières éclairent nos yeux
Respire ce parfum d'amour si précieux,

Ce bouquet éphémère fuyant l'immortalité
Brillera de mon amour pour l'éternité,

L'éternelle beauté de l'éphémère

Éclair vert

Laisse-moi me fondre dans tes mains
Laisse-moi m'étendre sur tes seins
La nuit éclaire ton immensité
L'amour est vert, éclair de beauté

Rêve étoilé

Comme un reflet de lune
Poétique boussole
Dans l'océan sacré
De ta belle auréole
Apparais dans l'écume
D'une vague enjouée
Sous ton bateau de plume
Où jouent des mariniers
Pour les oiseaux printemps
Pour les faire danser
Aux rythmes enivrés
Des tambours renversants,
Où les oiseaux sont gais
Où ils chantent le rêve
Le beau rêve de paix
Une paix de voyage,
Où les oiseaux férus
D'une vie sur terre
La terre de Monet
Qu'ils ont tant aperçu
À toujours ce visage

Le visage en fleur
Au miroir de Neptune
Reflétant la lueur
Les nuits de pleine lune
De toutes ses couleurs,
Où le ciel se nourrit
De ta parole ailée
Où l'aurore naquit
De tes doigts rosés,

Dans ce rêve étoilé
Regarde-moi danser
En plumes de soie
Je suis l'oiseau printemps,
Sous l'étoile éclairée
Écoute-moi chanter
Ce qu'est d'être ivre de toi
Avec ton cœur d'enfant

Chaque nuit

La douceur dans l'ombre d'un sourire
Le bruit du souffle d'un soupir
Je te regarde la nuit
Calme et douce
Je t'embrasse
Par ma main qui te touche

De quoi ai-je besoin pour me réveiller ?
Peut-être de ton rire

Frisson de vie

J'aime quand tu me caches
Derrière tes paupières
Pour mieux nous regarder,
J'aime quand tu relâches
Le soleil à la terre
Pour mieux nous envoler

J'aime tes joues rosées
Qui donnent la tendresse
À nos matins en fleurs,
J'aime tes doux baisers
Tes petites caresses
Qui baladent mon cœur

J'aime ta voix qui semble
Tourbillonner d'envie
De chanter la Bohême,
J'aime mon cœur qui tremble
Et frissonne de vie
Quand tu me dis je t'aime

L’arc-en-ciel

C’est quand le soleil
Et la pluie se marient
Que les arcs-en-ciel
À nos amours sourient

Tu existes dans ces sourires
Tu chantes par les yeux
Les couleurs dessinent ton rire
Le ciel exauce mes vœux

Et tu surgis à travers les flots
Légère sur l’aile d’un oiseau

La découverte

Je veux écrire à celle
À celle qui m'a fait connaître
Le vent qui effleure les étoiles
Les étoiles qui fuient les nuages
Les nuages qui transpercent le ciel
Le ciel qui brille dans ton ombre

Je veux écrire à celle
À celle qui m'a fait renaître
Comme le vent
Les étoiles
Les nuages et le ciel
N'existent que dans l'univers
L'univers de tes yeux verts
L'univers de tes yeux Claire

Exil retrouvé

Voilà, là, maintenant, c'est là, c'est elle, c'est toi,
Enfin je la vois, enfin je te vois
Non pas celle des yeux ouverts
Non pas la belle et rieuse
Non pas celle aux yeux verts
Elle est trop mystérieuse

Ce sont les yeux fermés que je te vois
Non pas les miens, pas mes yeux
Les tiens, tes yeux à toi,

Tu t'enfermes dans ton monde
Et tu te livres à mon monde
À ce monde que tout le monde voit, sauf toi
Tu laisses ton corps se réveiller
S'abandonner tout contre moi
C'est à ce moment-là
Tes yeux clos, que je te vois

Contemplation

J'aime ce que tu me montres
Je désire ce que tu me caches
Je t'admire alors tout entière
Comme une galaxie dans l'univers

Temps dérobé

Elle me touche du bout des lèvres
Elle s'envole de ses paupières
Le jour se couche la nuit se lève
L'étoile flotte dans ses yeux ouverts
Et tous les océans tous les sommets
Toutes les plaines toutes les forêts
Sont éclairés par la lumière
La lumière de ses yeux verts

Aux quatre saisons

Le printemps se jette à son cou
L'été vole entre ses seins
L'automne rougi de ses joues
L'hiver d'or entre ses mains
Je la regarde au-delà des années
Par-dessus les roses fanées
Par-dessus les paysages oubliés
Au-delà de tous les étés
Au-delà des souvenirs lavés
Je sens toujours son parfum d'herbes coupées

Le temps déborde

Je veux ton rire qui danse dans le ciel
Je veux tes larmes que tu voles au soleil
Je te veux, tempête bleue
D'un hiver de printemps
Je te veux, amazone verte
Dans une forêt recouverte
De tes yeux qui ont mille ans

Même le soleil au matin est ivre près de toi

La balade au jardin féérique

Comme un oiseau traversant le ciel
Quittant son nid pour d'autres pareils
Comme un oiseau battant des ailes
Pour s'envoler vers d'autres soleils
Où l'espoir échappe aux matins gris
Qui font trembler et frémir son corps,
Je ne sais pas pourquoi je ris
Mais je sais que je t'aime encore

Comme un bateau ivre de vent
Hisse sa voile aux sons des lumières
Le Goéland survolant la mer
Danse sous le soleil couchant,
Je ne sais pas comment décrire
Ce magnifique paysage
Qui me fait penser et écrire
À ton unique visage

Toi mon amour qui danse et qui vole
Tu as touché du doigt les oiseaux
Dans le ciel bleu où dorment les anges

Tu les berçais par le calme d'un ruisseau
Et par la féérie d'un jardin
Bourgeonnant de roses avalanches
Où les pétales s'envolent de ta main
Et tournent à faire rougir les mésanges

À toi pour qui le jour se lève
Et qui s'habille de nos rêves
Je ne connais rien de tout ton corps
Mais je sais que je t'aime plus fort

Poussière d’étoiles

Dans les feuilles qui dansent
Dans l’écume immense
Un cocon de soie

Dans l’œil du soldat
Dans l’ivresse de sa joie
La revoir encore une fois

Dans la courbe de tes seins
Dans les lignes de tes mains
Une nuit avec toi

Dans le pain que l’on broie
Dans le vin que je bois
Je te sens je te vois

L'amour à répétition

Si tous les magnolias en fleurs
Font danser en couleur
Tous les pétales de ma vie

Si le temps a son odeur
Comme les coquelicots en fleur
Qui dansent sous la pluie

C'est alors que se promène
Sur le théâtre de mes paupières
Un coquillage enivré
De son sourire éternel
Dans la pierre fossilisée

Mon amour redevient étincelle
C'est l'inconnue de ma scène

Le baiser

Le temps passager
Figé, prisonnier
Dans l’éternel brasier
D’un immortel baiser
Sur tes lèvres volées

La découverte

J'irai voir l'oiseau
Sur la branche perchée
J'irai voir l'élan
Sur les chemins cachés
J'irai voir la tortue dans l'océan
Mais aussi l'abeille qui vole au vent

J'irai voir tout ce qui vit
Tout ce qui crie
Tout ce qui rit
Du plan grand au plus petit
Du plus jeune au plus vieux

Je leur chanterai
Soyez heureux !
La terre est ronde
Elle tourne dans ses yeux

Mon Eurydice

Même si la terre continue de tourner
Même si le vent continue de s'essouffler
La nuit t'emportera
Et tout s'effondrera
Et tout s'écroulera
La nuit t'arrachera à moi
Sauf ma main recouvrant ta main
Et mon nez touchant le tien,
Te savoir si proche, et si loin de moi
Et te désirer jusqu'au matin

L'unique chanson

Je rirai du bon roi à vouloir trop de reines
Je lui dirai regarde-moi Claire est ma reine
Je dirai arrête toi arrête ton harem
Cela ne rime à rien il faut que tu comprennes
Qu'une fille de joie n'est rien face à ta reine
Je lui dirai pauvre roi pauvre d'une peine
Ne va pas brûler là l'aiguille dans la veine
Fuis tes souveraines ton cheval de carrousel
Monte sur ton carrosse traverse les plaines
Pour avoir près de toi le cœur d'une reine
Pour avoir compris l'amour d'une seule reine

La nuit déjà,
Tout recommence

La nuit des temps

Elle abrite sous ses paupières mes quatre saisons

La mort

L'amour Les rêves

La pierre

La nuit, du sol au plafond

Le bruit d'une larme

L'ivresse dans les yeux
Aucun mot n'est évoqué
Seules mes larmes se révèlent
Et lui chuchotent je t'aime

Mon Giverny

Unique passion
Unique rêverie

Symphonie de couleur
Opéra de ma vie

Divine chanson
Simple mélodie

Reflet d'une fleur
Délice à toute heure

Profonde douceur
Dans ce jardin fleuri

Douce profondeur
Dans l'étang infini

Je suis le pinceau
Et toi le tableau

Jamais tu ne cesseras
Avec tes yeux verts

D'ennoblir ma terre
De milliers de Nymphéas

Ton œuvre

Comment te dire que je n'ai plus peur ?
Plus peur d'une vie éphémère
Puisque le temps est éternel
Dans cette toile immortelle
De ce tableau que tu m'as offert

Les mains libres

Je t'imagine
Et te devine
D'une encre verte
Il te dessine ;
L'élégance d'une aiguille
La délicatesse du fil

L'unicité

La lune donne à la nuit
L'envie de t'embrasser
Le soleil donne à la vie
L'envie de t'aimer
Tes lèvres donnent aux baisers
L'amour de mes envies
Tes baisers donnent à ma vie
L'envie de m'envoler

La danse d'une fleur

Je t'écrirai des poèmes
Chaque jour chaque nuit
Je chanterai des je t'aime
À ton regard infini

Tu comprendras alors
Comment naquit en moi
Le temps d'une danse
Le Passiflora

Tu comprendras encore
L'éclatante fusion
D'une fleur à l'intense
Fruit de la passion

Encore, encore

Comme une lune qu'éclabousse
De mille et une couleurs
Toutes les perles du Sahara,
Quand l'hiver reprend sa source
Au fond d'un tournesol en fleur
Qui danse au-dessus de moi,
Quand le désert finit sa course
Et s'endort en douceur
Dans l'abîme de tes bras,
Quand l'éventail des jours
Déploie ses ailes d'amour
Pour m'avertir du baiser
Que je pourrais déposer
Au coin de tes lèvres cachées,
Je sens l'immense frisson
Parcourir mon corps
En chantant l'unique chanson
De ton magnifique prénom,

Encore, encore, encore,
Comme une poignée de sable

Que tu tiens entre tes doigts
Et que tu laisses s'écouler
Les milliers de grains sur moi,
Quand le manège du monde
Où les enfants sont rois
Tourne à chaque seconde
Dans le son de ta voix,
La mer cessera de chanter
Le ciel changera de couleur
La terre frémira sous tes seins
Et tu repousseras de ta main
Toutes les limites de mon corps,
Encore.

Mon univers

Tes rides tes vagues ton océan
Tes cheveux tes tornades ton ouragan
Tes plis tes vallées tes rivières
Ta peau ton sable ton désert
Tes cernes tes ailes ton papillon
Tes courbes tes lignes ton horizon
Ton rire ton chant ton oiseau
Tes larmes tes perles tes cristaux
Tes yeux ton orage tes éclairs
Ton visage ton étoile
Mon univers

Remerciements

Mes parents pour leur soutien et leur confiance.

Pierre-Alexis Picco et Jean-Charles Picco pour leur aide précieuse, leur relecture et leur soutien.

Table des matières

Imprimé en Allemagne
Achevé d'imprimer en novembre 2023
Dépôt légal : novembre 2023

Pour

Le Lys Bleu Éditions
40, rue du Louvre
75001 Paris

www.ingramcontent.com/pod-product-compliance
Lightning Source LLC
Chambersburg PA
CBHW062346010826
49168CB00024B/281

* 9 7 9 1 0 4 2 2 1 0 9 7 7 *